U0100468

大展好書　好書大展
品嘗好書　冠群可期

大展好書　好書大展

品嘗好書・冠群可期

武式太極拳 3

武式太極拳
小架

翟維傳　著

大展出版社有限公司

武式太極拳創始人

武禹襄　祖師

（1812～1880）

第二代宗師　李亦畬

（1832～1892）

第三代宗師　李遜之

（1882～1944）

第四代恩師　魏佩林
（1912～1961）

第四代恩師　姚繼祖
（1917～1998）

作者　翟維傳

李遜之宗師和諸弟子合影於永年

後排左起：姚繼祖　魏佩林　趙允元　劉夢筆

中排左起：趙駿臣　李遜之　前　排：李池蔭

姚繼祖贈

雒傳賢契惠存

繼祖時年八十歲

1996.元月

1984年應邀參加武漢國際太極拳‧劍表演觀摩會
右起：翟維傳　恩師姚繼祖　孫劍雲大師及其弟子

在翟維傳先生家中，恩師姚繼祖與弟子合影

作者練功照

翟維傳大師帶著弟子在武禹襄故居練功

翟維傳大師在武禹襄故居與
弟子們祭拜祖師後合影留念

邯鄲市武式太期拳學會會員在
中日韓太極拳交流會上集體表演

翟維傳大師在石家莊中日韓太極拳交流大會上
演示武式太極拳小架

翟維傳大師經常到祖師武禹襄故居體悟真諦

作者簡介

　　翟維傳先生，是武式太極拳第五代傳人，太極拳大師，1942年出生於太極拳中興發祥地——河北省永年縣廣府鎮。

　　翟先生為當代武式太極拳代表人物之一，現任邯鄲市武術協會榮譽主席，邯鄲市武式太極拳學會會長，永年縣太極拳協會副主席，永年縣維傳武式太極拳研究會長等職。

　　翟先生自幼學拳，先後拜武式太極拳第四代傳人魏佩林、姚繼祖二位宗師門下，盡得二位宗師真傳，五十年研究不輟，拳架、器械渾厚工整，尤善打手，著作頗豐，授徒甚眾。

　　翟先生參加了國家對《武式太極拳競賽套路》的編排工作，先後出版了《武式太極拳系列教學光碟》一套（十一碟）和《武式太極拳術》等書。

前　言

　　《武式太極拳小架》內容，是傳統武式太極拳叢書中的核心所在。該小架原係武式門內秘傳口授之功法，知者甚少，能做到身上者更是寥寥無幾。1998年10月「中國邯鄲國際太極拳交流大會」上筆者參加比賽榮獲自選套路金牌後，該小架才為觀眾所認知，才算真正對外公開。

　　隨後在拙作《武式太極拳術》書中和「中華武術展現工程」之武式太極拳系列光碟中有了該套路的拳照文字說明和套路演示。

　　武式太極拳小架在過去稱內功功法，該套功法是由祖師武禹襄經李亦畬傳下來的。過去只是以單式練習為主，沒有定形套路。筆者透過恩師姚繼祖內功功法的傳授，以及師叔李池蔭（遜之先生之子）的點化，又透過回憶恩師魏佩林過去練功的情景，悟到了一些訣要。

　　據姚老師講，其師李遜之先生告之於他：「武式太極拳最終落成於小架，其特點架勢更加小巧緊湊，虛實分明，開合有致，絕無花哨繁瑣，運動中既能體現出方圓相生之意，又注重身體對拉拔長的內勁運化，以內功不令人知的內氣潛能來支配外形，動作可慢可快，並與爆發力相配合，充分發揮出柔中有整、整內含剛、剛柔相濟的技術特性。」

　　為了更好地繼承和弘揚武式太極拳，筆者把內功功法融入到一套內功套路中的想法告之恩師姚繼祖，經姚老師首肯後就進行了對內功小架套路、文字的編排與整理工作，經過反覆的體會論證，完成了小架的初稿，經姚老師多次修訂後基本定稿，就在此時恩師突然謝世，享年82歲。為緬懷恩師的諄諄教導，為報答先師的知遇知恩，現整理成冊，以示對恩師的深切懷念。

　　武式太極拳小架力求小巧含蓄，勁整渾圓，內外相合，周身一家。要求做到以神領意，以意帶氣，以氣摧身。還必須有明師的身傳口授，並與習練者的心悟體認相結合，才可登太極技藝之高峰。

　　《武式太極拳小架》一書中的拳照是作者的真

實近照，攝影師是我的弟子來雲山，文字整理是弟子代金選、趙小青和翟世宗。為了讓讀者看清拳式，姿勢有所放大，而在真正練功中還應收小。由於筆者水準所限，書中難免有錯，請讀者批評指正。

翟維傳

目　錄

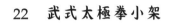

一、武式太極拳小架概述

　　武式太極拳小架，又名功夫架，是武式門沒有對外傳授的一種功法套路，是恩師姚繼祖先生在晚年所傳授的。

　　據恩師講，其師遜之先生告之於他：「武式太極拳最終落成於小架……」師叔李池蔭（三代宗師李遜之之子）也曾與我說：「功夫想提高，拳架必須要收小。」並告知一些關於小架的功法要領。

　　關於小架以前只是單式演練，沒有一個完整定形的套路。我認為這樣對現代的武式太極拳不利，所以我根據多年的體會與實踐，編排了一套小架套路，並經恩師多次修訂後基本定稿，就在此時，姚老師突然謝世，享年 82 歲。為了緬懷恩師的諄諄教導，不辜負先生多年來的器重與培養，我願把小架公佈於眾。

　　本人透過多年來對小架的研習，受益匪淺，身上有了新的感受和體會，深感練習小架的重要性和必要性。現把該功法的要領與特點介紹如下：

在外形上，拳式的動作與步伐幅度較小，更加緊湊精細，變化靈活，虛實分明，開合有致。

在內，注重意氣的循環與身體的鬆沉起落相結合，完全是以內動不令人知的內氣潛轉來支配外形，運動中既能體現出方圓相生之意，又注重身體對拉拔長的內勁運化，動作可慢可快，並可加以爆發力相配合，充分體現出柔中有整，整內含剛，剛柔相濟的功法特徵。

所以，此小架要有一定的太極拳基礎後方可練習。我堅信，習練者只要深研體悟，對提高太極拳功夫一定會起到事半功倍的效果。

二、武式太極拳小架的
幾點說明

1. 在步伐的要求上，進步前足邁出微過後足尖，退步足尖微過後足跟。以足跟為軸，足尖向裡為內扣，向外為外擺，兩足站地為不丁不八步。

2. 兩手要求各管半個身體，不可相互超越，在兩手變化上主要是開合的互變。開，手腕外旋；合，手腕內旋。出手時，主手高不過眼，遠不過前足尖。

3. 內在的虛實互變和周身的折疊轉換，更突出了有上即有下，有前即有後，有左即有右。身體的對拉拔長的內勁運化與周身各部位的配合等功法在每一個動作中都可以表現出來。

4. 在呼吸相配上，是利用腹式逆呼吸法，吸為合為蓄，呼為開為發。合時吸氣，氣沉實腿要精神貫注，意氣下沉於腳底，周身要有內收之感。開

時呼氣發力，勁起於腳根，變換在腰，發於脊背，行於十指，一氣貫穿。

5. 拳照起勢面向南方，拳照姿勢動作的朝向分東、西、南、北四正方和東南、西南、東北、西北四斜方。圖解中的動作圖照，是筆者的真實拳照，其中加有幾個爆發力拳照，因照片為靜態圖像，不能反映整個爆發力過程，所以僅供大家欣賞。每一式的動作說明後面均闡明其要領，以便於讀者能正確地理解和掌握。

三、武式太極拳小架
名稱順序

第一式　起　勢

第二式　左右懶紮衣

第三式　單　鞭

第四式　提手上勢

第五式　白鵝亮翅

第六式　左右摟膝拗步

第七式　上步搬攔捶

第八式　如封似閉

第九式　抱虎推山

第十式　左右野馬分鬃

第十一式　左右玉女穿梭

第十二式　開合式

第十三式　雲　手

第十四式　高探馬

第十五式　對心掌

第十六式　手揮琵琶式

第十七式　按　式

第 十八 式　青龍出水
第 十九 式　左右更雞獨立
第二　十式　左右封肘式
第二十一式　左右撈月式
第二十二式　下　勢
第二十三式　上步七星
第二十四式　退步跨虎
第二十五式　伏虎式
第二十六式　翻身懶紮衣
第二十七式　倒攆猴
第二十八式　捌手靠打
第二十九式　掤　式
第三　十式　擠　式
第三十一式　攦　式
第三十二式　按　式
第三十三式　彎弓射虎
第三十四式　進步懶紮衣
第三十五式　雙峰貫耳
第三十六式　退步雙抱捶
第三十七式　收　勢

四、武式太極拳小架套路
圖解及要領

第一式　起　勢

圖1

　　動作一：面向正南，兩腿分開與肩同寬，身體自然直立，要做到體態自然安舒，提起精神，排除雜念，頭宜正直，兩臂自然下垂，兩手置於兩胯外側，手心向內指尖向下，兩眼向前平視。做到提頂、吊襠，下頜內收，鬆肩沉肘，氣沉丹田，含胸拔背，尾閭正中等身法。（圖1）

圖2

動作二：承前式，兩臂微屈向前平起，兩手內旋與腰平齊，手心向上；同時吸氣使氣沉於丹田，兩手有上托之意，而身體意念有向下鬆沉之意，目視兩手前方。（圖2）

圖3

動作三：承前式，兩臂外旋，兩手心轉向下方，有下按之意；同時呼氣，兩腿微屈坐勢。而神意要有向上領帶之意，做到提頂、吊襠、氣沉丹田、含胸、拔背、尾閭正中等身法。（圖3）

第二式　左右懶紮衣

懶紮衣左式

動作一：承前式，腰微向右轉，重心移於右腿；同時吸氣，兩手內合畫弧向右後方攦帶，後向上掤起至胸前，右實腿要精神貫注；隨之，腰微向左轉，左腿向東南方邁步，以足跟著地，目視兩手前方。（圖4）

圖4

動作二：承前式，右足跟蹬地，左足掌落平，左腿前弓；同時呼氣，兩手上掤豎掌坐腕外旋前推，目視兩手前方。（圖5）

圖5

圖6

動作三：承前式，身體向前腿下鬆沉；同時吸氣，氣沉於丹田，兩手弧形向下按至兩胯前側，神意有上升之感，目視兩手前方。（圖6）

圖7

動作四：承前式，身體放鬆，兩手內合弧形向上合於胸前；同時呼氣，意氣下沉於左實腿，目視兩手前方。（圖7）

【要領】懶紮衣是武式太極拳之母式，非常重要。該式千變萬化，在運動時兩腿要分清虛實，身體不可偏倚，呼吸意氣在體內循環要與肢體的動作協調配合，達到內外相合。

在這一式動作中要完成體內兩個意氣圈的形成，在意念上，兩手上掤時要有提領虛腿的邁步之意，身體要有向實腿的鬆沉之意，兩手要有吸引對方來勢之意。兩手及胸臂之間動作要圓活有趣，身體上下要協調相隨，要保持好各條身法。

懶紮衣右式：

動作五：承前式，以左足跟為軸，左足尖微向內扣，身體轉向西南；同時吸氣，兩手內合隨身轉合於胸前，右手在前，左手在後與右肘平齊，兩手各管半胸，右腿有上提之意，目視兩手前方。（圖8）

圖8

圖9

動作六：承前式，兩手向下後攦帶後畫弧向上掤起；同時吸氣，身體向左實腿鬆沉，右腿向西南方邁步，以足跟著地，目視西南兩手前方。（圖9）

圖10

動作七：承前式，左足跟蹬地，右足掌落平，右腿前弓；同時呼氣，兩手豎掌坐腕外旋前推，目視兩手前方。（圖10）

動作八：承前式，身體向右實腿鬆沉；同時吸氣，兩手弧形下按外開至兩胯前，神意有上提之感。目視兩手前方。（圖11）

圖11

動作九：承前式，身體放鬆，兩手內合弧形向上合於胸前；同時呼氣，意氣下沉於右實腿，目視兩手前方。（圖12）

【要領】與左懶紮衣相同，惟方向不同，此式定勢面向西南方。

圖12

第三式　單　鞭

圖13

動作一：承前式，以右足跟為軸，右足尖微向內扣，腰向左轉至面向正南；同時吸氣，兩手內合隨身轉合於胸前，右腿精神貫注，左腿有上提之意，目視兩手前方。（圖13）

圖14

動作二：承前式，意氣向右實腿鬆沉，左腿向左橫步邁出，以足跟著地；同時吸氣，腰微向左轉，兩手有開展之意，目視左手前方。（圖14）

動作三：承前式，右足跟蹬地，左足掌落平，左腿前弓；同時呼氣，兩手外旋左右分展，左手豎掌坐腕前推，高不過眼，右手斜平掌與肩同高，目視左手前方。（圖15）

【要領】轉動身體時，必須以實腿為軸，吸氣意氣向實腿鬆沉；

圖15

邁左步時，右腿要精神貫注，左腿有騰挪之意；右足蹬地前先要鬆沉，要有蓄勁之勢；左手前推要意氣達於指尖，身體須保持中正；同時要注重鬆肩、沉肘、含胸、拔背、氣沉丹田等身法。

第四式　提手上勢

動作：承前式，以左足跟為軸，左足尖內扣，腰向右轉至面向西南；同時吸氣，身體向左實腿鬆沉，右手弧形下落至右胯前，手心向右胯處，左手弧形向上至額上左前方；隨之右腿左移，提懸於左足右前方，以足尖點地，目視西南前方。（圖16）

圖16

【要領】左手弧形上舉時，左肩不可隨之上聳，要有向下鬆沉之意，右手向下不可有丟塌之勢，注意上下要協調一致，身法不可散亂。

第五式
白鵝亮翅

圖17

動作一：承前式，身體向左實腿鬆沉，兩手內合弧形至胸前，右手在外，左手在內；同時吸氣，精神貫注於左腿，右腿向西南方邁步，以足跟著地，目視西南前方。（圖17）

動作二：承前式，左足跟蹬地，右足掌落平，右腿前弓；同時呼氣，右手外旋從胸前弧形上掤至額上前方，左手豎掌外旋向前下方推按，目視左手前方。（圖18）

圖18

動作三：承前式，意氣向右實腿鬆沉；同時吸氣，兩手弧形向下按至兩胯前側，精神有上領之意，目視兩手前方。（圖19）

圖19

圖20

動作四：承前式，身體放鬆，兩手內合弧形向上合於胸前；同時呼氣，意氣下沉於右實腿，目視兩手前方。（圖20）

【要領】此式有兩個意氣圈形成，在左腿蹬足前意氣要鬆沉於左腿，蹬足後意氣要貫注於十指；兩手下按時，意氣要鬆沉於右實腿，合手時意氣要貫注於兩手。

兩手上掤下按時要形成對拉之勁，肩不可上聳，要有下沉之意，要保持含胸、拔背、鬆肩、沉肘、尾閭正中等身法。

第六式　左右摟膝拗步

動作一：承前式，以實腿右足跟為軸，右足尖內扣，腰向左轉；同時吸氣，左手弧形下落向左下摟帶，右手內合至右額前，隨之左足前邁，以足跟著地，目視正東前方。（圖21）

圖21

動作二：承前式，意氣鬆沉於右實腿，右足跟蹬地，左足掌落平，左腿前弓；同時呼氣，左手繼續向下外摟帶，至左膝外側，右手坐腕豎掌外旋前推，目視右手前方。（圖22）

圖22

圖23

動作三：承前式，左實腿精神貫注，身體放鬆，氣向下沉；同時吸氣，兩手內合，腰微向左轉，右腿向前跟步至左足右側，以足尖點地，目視右手前方。（圖 23）

圖24

動作四：承前式，意氣鬆沉於左腿，右腿向東南方邁步，以足跟著地；同時吸氣，右手向右下方摟帶，左手弧形向上內合至左耳旁，目視正東前方。（圖 24）

動作五：承前式，左足跟蹬地，右足掌落平，右腿前弓；同時呼氣，右手繼續向右摟帶至右膝外側，左手豎掌坐腕外旋前推，目視左手前方。（圖25）

【**要領**】轉身時要以目光領先，左手摟帶要與右肩相吸相合，右手摟帶要與左肩相吸相合，手向前推時，手掌要有沉著之意，在步法變換時要以腰帶腿，上下要相隨一致，保持好各條身法。

圖25

第七式
上步搬攔捶

動作一：承前式，身體後移，重心移向左腿，腰微向左轉；同時吸氣，兩手畫弧內旋收於胸前，意氣鬆沉於左腿，右腿向後移步，以足尖點地，目視兩手前方。（圖26）

圖26

圖27

動作二：承前式，兩手繼續由下向上掤起後，右手握拳外搬，左手豎掌前攔；同時身體前移，重心移於右腿，目視左手前方。（圖27）

圖28

動作三：意氣鬆沉於右實腿，左腿向前邁步，以足跟著地；同時氣向下沉，意氣涵蓄，右拳繼續劃孤向右至腰際，左手豎掌繼續向前攔擋，目視左手前方。（圖28）

動作四：承前式，右足跟蹬地，左足掌落平，左腿前弓；同時呼氣，左手由胸前向右撥化，右拳由腰際外旋前擊至左腕上方，目視右拳前方。（圖29）

【要領】此搬攔捶是武式太極捶法之一，以右手握拳外旋為搬，左手出掌為攔，用拳正面擊打為捶，以腰腿虛實變化帶動四肢運動，擊拳時要有沉著之意，用法要連貫緊湊，一氣呵成，動作要圓活有趣，保持好各條身法。

圖29

第八式
如封似閉

動作一：承前式，重心後移，身體坐於右腿，吸氣，氣向下沉，意氣鬆沉於右腿；同時右拳變掌後撤，兩手弧形向下按至腹前，左足尖有上翹之意，目視兩手前方。（圖30）

圖30

動作二：承前式，右足跟蹬地，左足掌落平，左腿前弓；同時呼氣，兩手向前搓按，右足向前跟步至左足右後方，以足尖點地，目視兩手正東前方。（圖31）

【要領】身體後移時必須保持重心穩定，意氣要鬆沉於實腿，虛腿要有騰挪之意；兩手下按時，精神要有上領之意，向前搓按時要有沉著之意；要做到上下相隨，注意鬆肩、沉肘、含胸、拔背、氣沉丹田、尾閭正中等身法。

圖31

第九式 抱虎推山

動作一：承前式，右腿向左足左後方撤步，以足尖點地，以左足跟為軸，足尖內扣，腰向左轉至面向正西；同時吸氣，右手隨身轉向右後畫弧至右腰前，左手內合至左額旁，目視正西前方。（圖32）

圖32

動作二：承前式，左足跟蹬地，右腿前邁落地前弓；同時呼氣，右手握拳弧形由腰際前擁，左手豎掌坐腕外旋前推，目視左手前方。（圖33）

【要領】實腿要精神貫注，轉身時要保持身體穩定，兩手運動要有引化之意，右手抱虎之勢要飽滿，左手前推要沉著，保持好各條身法。

圖33

第十式　左右野馬分鬃

圖34

動作一：承前式，兩手內合畫弧抱球，右手在上，左手在下，手心相對，身體向右腿鬆沉，腰微向右轉；同時吸氣，左腿向前跟步至右足左後方，以足尖點地，目視西南前方。（圖34）

圖35

動作二：承前式，意氣鬆沉於右實腿，左腿向西南方邁步前弓；同時呼氣，右手向右下攦按，掌心向下，左手向左上撩起，掌心向內，高不過眼，目視左手前方。（圖35）

動作三：承前式，意氣鬆沉於左實腿，腰微向左轉，兩手內合畫弧抱球；同時吸氣，右腿向前跟步至左腿右側，目視正西前方。（圖36）

動作四：承前式，意氣鬆沉於左實腿，腰微向右轉，右腿向西北方邁步，落實前弓；同時呼氣，右手向右上方撩起，高不過眼，左手向左下攦按，目視右手前方。（圖37）

【要領】上步時，意氣先鬆沉於實腿，身體要穩，兩手動作要圓活有趣，身體上下要協調一致，要以腰為主宰，帶動上下，要注意兩手的陰陽變化和折疊轉換，保持好各條身法。

圖36

圖37

第十一式　左右玉女穿梭

圖38

動作一：承前式，意氣鬆沉於右實腿，腰微向右轉，左腿向西南方邁步，以足跟著地；同時吸氣，左手內合向上掤架至面前，右手內合至左小臂內側，目視左手前方。（圖38）

圖39

動作二：承前式，右足跟蹬地，左足掌落平，左腿前弓；同時呼氣，左手外旋向上掤架至額上前方，右手豎掌坐腕外旋向前推出，目視兩手前方。（圖39）

動作三：承前式，意氣鬆沉於左實腿，腰微向左轉，兩手內合弧形抱球於胸前，左手在上，右手在下，手心斜向相對；同時吸氣，右腿向前跟步至左足內側，以足尖點地，目視西南前方。（圖40）

圖40

動作四：承前式，右腿向前邁步，以足跟著地；同時氣沉丹田，右手向上掤架至面前，手心向內，左手內合至右小臂內側，目視兩手前方。（圖4－41）

圖41

動作五：承前式，左足跟蹬地，右足掌落平，右腿前弓；同時呼氣，右手外旋繼續向上掤架至額上前方，左手豎掌坐腕外旋前推，目視兩手前方。

圖42

（圖42）

【要領】切記蹬足前先要鬆沉含蓄，上掤時身體要有向下之意，運動時步法變化要穩，身體的折疊轉換與兩手的運動要相吸相繫，要注意含胸、拔背、鬆肩、沉肘、尾閭正中等身法。

第十二式
開合式

動作一：承前式，身體後移，重心移向左腿；同時吸氣，兩手弧形向下按開，手心向下至兩胯前側，精神有向上提領之意；隨之右足尖微翹，以足跟著地，目視兩手前方。（圖43）

圖43

動作二：承前式，左實腿精神貫注，意氣向下鬆沉，左足跟蹬地，右足掌落平，右腿前弓；同時呼氣，兩手弧形向上前鬆合抱球至胸前，目視兩手前方。（圖44）

【要領】兩手向下按時，身體精神上領，兩手向上前合時身體要向下鬆沉，尾閭前送，命門後撐，這即是有上即有下，有前即有後，這也是武式拳太極的重要之勢，要細心體會方有所得。

圖44

第十三式
雲　手

動作一：承前式，以右足跟為軸，右足尖內扣，腰向左轉至面向正南；同時吸氣，左手隨腰轉向左掤接，右手弧形下落至小腹前，兩腿虛實不變，目視左手前方。（圖45）

圖45

圖46

動作二：承前式，腰微向右轉，氣沉丹田；同時右手內合弧形向上經胸前向右掤接，左手內合弧形向左下至小腹前，目視右手前方。（圖46）

圖47

動作三：承前式，腰微向左轉，左腿向左邁步，以足跟著地；同時含蓄閉息，左手向上弧形經胸前向左掤接至面前，手心向內，右手內合弧形向右下至右胯前，手心向下，目視左手前方。（圖47）

動作四：承前式，意氣鬆沉於右實腿，右足跟蹬地，左足掌落平，左腿前弓；同時呼氣，左手豎掌坐腕外旋前推，右手內合至腹前，目視左手前方。（圖48）

圖48

動作五：承前式，以左足跟為軸，左足尖內扣，腰向右轉至面向西南；同時吸氣，意氣向左實腿鬆沉，右手內合弧形向上經胸前向右掤接，左手內合弧形向左下至小腹前；隨之右腿向後移步，至左足右前方，以足跟著地，目視右手前方。（圖49）

圖49

圖50

動作六：承前式，左足跟蹬地，右足掌落平，右腿前弓；同時呼氣，右手外旋豎掌坐腕前推，左手內合助力至右腹前，目視右手前方。（圖50）

圖51

動作七：承前式，以右足跟為軸，右足尖內扣，腰向左轉至面向東南，左腿向左邁步，以足跟著地；同時吸氣，左手內合弧形向上經胸前向左掤接至面前，手心向內，右手內合向左弧形下落至右胯前，手心向下，目視左手前方。（圖51）

動作八：承前式，意氣鬆沉於右實腿，右足跟蹬地，左足掌落平，左腿前弓；同時呼氣，左手外旋豎掌坐腕前推，右手內合助力至腹前，目視左手前方。（圖52）

【要領】因武式太極拳的呼吸是逆呼吸，是用腹式呼吸的（萬不可使用胸式呼吸），所以有時過渡動作要用閉息，要細心體認，不可粗心大意。兩手運動要圓活有趣，上下相隨運作要做到位，轉身時必須先扣腳後邁步，要注意身體的鬆沉與折疊轉換，保持好各條身法。

圖52

第十四式
高探馬

動作一：承前式，腰向左轉，右腿向前跟步，至左足右後方，以足尖點地；同時吸氣，兩手內合向左後方引帶，目視兩手方向。（圖53）

圖53

圖54

動作二：承前式，腰微向右轉，轉至面向正南，意氣鬆沉於左實腿；同時吸氣，兩手隨腰轉內合，左手在上，右手在下，兩手心相對；隨之右腿向前邁步，以足跟著地，目視正南前方。（圖54）

圖55

動作三：承前式，左足跟蹬地，右足掌落平，右腿前弓；同時呼氣，右手內合向前掤托，左手豎掌坐腕外旋前推，目視兩手前方。（圖55）

動作四：承前式，身體後移，重心移向左腿；同時先吸氣，後呼氣，左手內合向下後拉帶，右手向上外旋豎掌前推，目視右手前方。（圖56）

【要領】右手掤托要有向上之意，左手前推要有沉著之意，兩手前後要形成對拉勁，並可以爆發力相配，本式圖照配發力拳照，要注意周身的折疊轉換及陰陽互變，保持好各條身法。

圖56

第十五式
對心掌

動作一：承前式，身體前移，重心移向右腿，以右足跟為軸，足尖內扣，身體轉至面向正東；同時吸氣，右手內合隨身轉向左攔接至胸前，左手內合掤架至胸前，目視兩手前方。（圖57）

圖57

動作二：承前式，意氣向右實腿鬆沉，左腿向前邁步前弓；同時呼氣，左手外旋向上掤架至額上前方，手心向前，右手外旋豎掌前推，目視右手前方。（圖58）

圖58

【要領】兩手的運動與身體要配合得當，要注意引、蓄、發的配合，上下須貫穿一氣，做到鬆肩、沉肘、含胸、拔背、氣沉丹田、尾閭正中等身法。

第十六式
手揮琵琶式

動作：承前式，身體後移，重心移向右腿，腰微向右轉；同時先吸氣，後呼氣，兩手內合弧形合力至胸前，右手收至右腹前，左手向下擺按至與肩平齊，目視兩手前方。（圖59）

圖59

【要領】右實腿要精神貫注，意氣向下鬆沉，兩手合力胸前要配合得當，腰圍有向外開展之意，要注意步法的虛實變化和兩手與身體的折疊轉換，保持好各條身法。

第十七式　按　式

動作：承前式，右手內合畫弧上掤至右肩前，繼續向下外旋坐腕下按至小腹前，左手外旋下落弧形外撥至左膝外側；同時先吸氣後呼氣，右腿下蹲，身體微向前俯，目視下前方。（圖60）

圖60

【要領】右腿下蹲前必須精神貫注，身體前俯但不可前衝，胸背必須鬆沉，目光不可俯視地面，上下要協調一致。

第十八式　青龍出水

動作：承前式，身體直起，意氣鬆沉於右腿，左腿向前邁步前弓；同時先吸氣後呼氣，右手向上掤架至額前，手心向外，左手外旋上抬從胸前推出，目視左手前方。（圖61）

圖61

【要領】身體直起，實腿要精神貫注，虛腿要有騰挪之勢，右手上攔，右肩要鬆沉，左手前推要有沉著之意，周身要協調相隨，保持好各條身法。

第十九式
左右更雞獨立

圖62

動作一：承前式，身體後移，重心移向右腿；同時先吸氣後呼氣，右手前送畫弧向後拉帶至右腹前，左手坐腕前推，目視左手前方。（圖62）

動作二：承前式，重心前移，重心移向左腿；同時先吸氣後呼氣，左手下按於左胯旁，右手外旋向上至面前；隨之右腿上提至膝與胯平，目視右手前方。（圖63）

動作三：承前式，右腿下落站穩，意氣鬆沉於右實腿；同時先吸氣後呼氣，右手弧形下按至右胯旁，左手外旋向上至面前；隨之左腿上提至膝與胯平，目視左手前方。（圖64）

圖63

【要領】先吸氣後呼氣，是指在鬆沉蓄勁時為吸氣，左腿前弓及發力時為呼氣，要細心體會。在獨立步前，又是一個對拉勁的發力圖照；在獨立步時，實腿要精神貫注，意氣要向下鬆沉，還要有精神上領之意，身體要八面支撐，不可偏倚，上下要配合一致。

圖64

第二十式　左右封肘式

圖65

動作一：承前式，左腿下落微後撤，腰微向左轉，重心坐於左腿；同時吸氣，左手外旋弧形向左後引帶，右手內合弧形向上向左後引帶；隨之右腿後撤，以足尖點地。（圖65）

圖66

動作二：承前式，左足跟蹬地，右腿向前邁步前弓；同時呼氣，兩手外旋經面前環繞向胸前擁出，右手在外，左手在右小臂內側，目視兩手前方。（圖66）

動作三：承前式，身體後移，重心移向左腿，右腿後撤至左足右前方，以足尖點地；同時吸氣兩手內合向下後攦帶，目視兩手前方。（圖 67）

圖67

動作四：承前式，右腿向後撤步，至左足右後方落實，重心坐於右腿；同時左手內合，右手外旋畫弧向右上方引帶，目視兩手前方。（圖 68）

圖68

圖69

動作五：承前式，右足跟蹬地，左腿向東北方邁步落實前弓；同時呼氣，兩手外旋環繞經面前從胸前推出，左手在外，掌心向外，右手在左小臂內側，目視左手前方。（圖69）

【要領】運動中兩手要把圈畫圓，與步法要上下相隨，注意周身協調，折疊轉換，要以內動帶動外形，達到整體渾圓，身法不可散亂。

第二十一式
左右撈月式

動作一：承前式，身體後移，重心移向右腿，左腿向後撤步，以足尖點地；同時吸氣，兩手內合向後攦帶至腹前，目視兩手前方。（圖70）

圖70

動作二：承前式，左腿向後撤步，至右足左後方落實，右腿後移，以足尖點地；同時兩手上掤後弧形向左下後攦帶，目視兩手前方。（圖71）

圖71

動作三：承前式，左足跟蹬地，右腿向前邁步前弓；同時呼氣，兩手弧形經胸前推出，目視兩手前方。（圖72）

圖72

圖73

動作四：承前式，身體後移，重心移向左腿，右腿後撤，以足尖點地；同時吸氣，兩手內合向左下攦帶，目視東南前方。（圖73）

圖74

動作五：承前式，右腿向後撤步，至左足右後方落實，左足提起以足尖點地；同時兩手向右後方攦帶，目視東北前方。（圖74）

動作六：承前式，右足跟蹬地，左腿向前邁步落實前弓；同時呼氣，兩手上掤弧形外旋向前推出，目視兩手前方。（圖75）

【要領】兩手運動要有圓活之趣，周身動作要協調相隨，實腿要鬆沉含蓄，弓腿要紮地有力，注意折疊轉換及陰陽的互變，保持好各條身法。

第二十二式
下　勢

動作：承前式，重心後移，重心移向右腿，腰向右轉；同時吸氣，右手內合下落弧形向後上擺去至身右側，豎掌與右額同高，左手向後下按帶至小腹前，掌心向下；隨之左腿後撤，以足尖點地，目視左手前方。（圖76）

圖75

圖76

【要領】實腿要精神貫注，虛腿要有騰挪之勢，右手後擺與腰轉同步進行，左手要有下按之意，上下要協調一致，保持好各條身法。

圖77

圖78

第二十三式
上步七星

動作一：承前式，右足跟蹬地，左腿向前邁步，落實前弓；同時呼氣，左手外旋，弧形向前上托架，右手弧形下落至右胯旁，目視左手前方。（圖77）

動作二：承前式，左足尖外擺，身體前移，右腿向前邁步至左足右前方，以足尖點地；同時閉息，右手握拳弧形向上前擊去，左手握拳內旋向前至右拳內側，兩拳心向內交叉於胸前，目視兩拳前方。（圖78）

【要領】兩手與兩腿要協調相隨，身體不可前俯後仰，兩臂要撐圓，命門要後撐，實腿要精神貫注，要有八面支撐之勢。注意有前即有後，身法不可散亂。

第二十四式　退步跨虎

動作：承前式，右腿向後退步落實，重心移向右腿，左腿微後撤，以足尖點地；同時吸氣，兩拳變掌上下分展，右手外旋向上至右前方，左手外旋弧形向下至左胯前，目視正東前方。（圖79）

圖79

【要領】右腿後退落實後要精神貫注，要做到鬆腹豎尾，上下要協調相隨，保持好各條身法。

第二十五式　伏虎式

動作一：承前式，右胯前送，右手向前接黏，吸氣，腰微向右轉；同時呼氣，右手向後下弧形拉帶至腹前，左手外旋弧形向上前推出，形成對拉勁，目視左手前方。（圖80）

圖80

動作二：承前式，腰向左轉，左腿向東北方邁步前弓；同時先吸氣後呼氣，左手握空拳向右下拉帶至腹前，右手向後下環繞握拳向上前擊至面前，目視右拳前方。（圖81）

【要領】注意身體的折疊轉換和兩腿的虛實變化，兩手握拳畫弧要自然圓活，上下要協調一致，意念要集中，身法不可散亂。

圖81

第二十六式　翻身懶紮衣

動作一：承前式，以左足跟為軸，足尖內扣，腰向右轉，至面向西南，右足尖外擺，重心向右腿前移；同時吸氣，兩手向上弧形向右托帶至面前，目視右手前方。（圖82）

圖82

動作二：承前式，身體繼續右轉，重心移於右腿，左腿向前上步，至右足左前方，以足跟著地；同時呼氣，兩手向下後畫圓向上掤起至胸前，目視兩手前方。（圖83）

圖83

圖84

動作三：承前式，意氣鬆沉於右實腿，腰向左微轉；同時吸氣，兩手弧形向左下黏化，目視左手前方。（圖84）

動作四：承前式，右足跟蹬地，左足掌落平，左腿前弓；同時呼氣，兩手弧形豎掌外旋向前推出，目視兩手前方。（圖85）

圖85

【要領】兩手動作要畫圓，環環相扣，連綿不斷，與步法上下相隨，注意呼吸與動作的配合，其他與第二式懶紮衣相同。

第二十七式　倒攆猴

動作一：承前式，以左足跟為軸，左足尖內扣，腰向右轉至面向東北，右腿向東北方邁步，以足跟著地；同時吸氣，左手內合至左額外側，右手外旋掤帶至胸前，目視右手前方。（圖86）

圖86

動作二：承前式，左足跟蹬地，右足掌落平，右腿前弓；同時呼氣，右手繼續外旋掤帶，左手外旋豎掌前推，目視左手前方。（圖87）

圖87

圖88

動作三：承前式，身體後移，重心移向左腿吸氣，腰微向左轉，左手內合向後下拉帶，右手弧形豎掌前推，呼氣，兩手形成對拉勁，目視右手前方。（圖88）

【要領】注意兩手的折疊轉換和兩腿的虛實互變，上下要協調相隨，身法不可散亂。

第二十八式
捌手靠打

動作一：承前式，左足跟蹬地，右腿前弓，身體向左轉，至面向西北；同時吸氣，右手內合弧形向左前捌去，左手內合至右小臂下，目視右手前方。（圖89）

圖89

動作二：承前式，腰向右轉，至面向正北，身體後移，重心移向左腿；同時呼氣，左手上撩，右手外旋向下按至腹前，右腿回撤，以足尖點地，目視左手方向。（圖90）

【要領】捌靠為四隅勁法，必須轉腰發力，捌手要與轉腰同步，靠也是在轉腰的同時進行，要做到上下相隨，勁力完整，一氣貫穿。

圖90

第二十九式
掤　式

動作一：承前式，意氣鬆沉於左腿，左足尖內扣，腰向右轉至面向東北；同時吸氣，兩手內合抱於胸前，左手在上，右手在下，目視兩手前方。（圖91）

圖91

　　動作二：承前式，左足跟蹬地，右腿向正東邁
步前弓；同時呼氣，右手內合屈肘向上掤起，與
肩同高，左手向下後攦按至腹前，目視右手前方。
（圖92）

　　【要領】掤勁在太極拳中極為重要，前進，後
退，左旋，右轉，掤勁都不可失。凡是向前上方之
勁都為掤，掤勁要保持小臂與肘肩有一定的弧度，
要以腰腿的運動帶動肢體，掤勁是進攻，黏制中不
可缺少此勁。注意鬆肩、沉肘、含胸、拔背、尾閭
正中等身法。

圖92

第三十式　擠　式

動作：承前式，右實腿精神貫注，左腿向前邁步前弓；同時先吸氣，後呼氣，左手從胸前掤起向前平擠，右手置於左手掌內向前擠去，目視兩手前方。（圖93、圖94）

圖93

【要領】擠勁是進攻的一種勁法，是在掤勁的基礎上以前小臂為支點，向正前方擁迫發力之勁，要求上下相隨，以身摧手，做到腳到手到，圓活有趣，身法不可散亂。

圖94

第三十一式　攦　式

圖95

動作：承前式，重心後移，身體坐於右腿；同時吸氣，兩手向後攦帶至腹前，右腿往回撤步，以足尖點地，目視兩手前方。（圖95）

【要領】攦勁在拳術中順隨走化，為黏制創造條件，用法很廣。攦是向自己身體方向引帶之勁，是以柔克剛，以巧取拙的省力過程，能引進落空才能借力打人，要求以身領手，上下相隨，身法不可散亂。

第三十二式　按　式

圖96

動作：承前式，右足跟蹬地，左腿向前邁步前弓；同時呼氣，兩手外旋向前搓按，目視兩手前方。（圖96）

【要領】按勁是拳術中一種進攻之勁，向前下方之勁稱為按，為向前發勁創造條件，按勁可控制對方前進的攻擊。

以上四種勁法為四正的勁法，可互相配合變為複勁，變化無窮，如掤配攦、攦配按、按配掤、攦配擠，又可用多種勁法組成一種進攻制人之法。

第三十三式　彎弓射虎

動作一：承前式，以左足跟為軸，左足尖內扣，腰向右轉，至面向東南；同時吸氣，右手外旋，左手內合隨身轉向右上弧形旋帶，目視兩手前方。（圖97）

圖97

圖98

動作二：承前式，腰向左轉，呼氣，左手外旋，右手內合隨身轉向左上弧形旋帶，右腿有上提之意，目視兩手前方。（圖98）

圖99

動作三：承前式，右腿向西南方撤步落實，重心移向右腿；同時吸氣，兩手向下攦帶至腹前，目視兩手前方。（圖99）

動作四：承前式，腰向右轉，兩手隨腰轉向右弧形向上掤起；隨之呼氣，腰向左轉，兩手變拳向東南方擊出，成拉弓狀，目視兩拳前方。（圖100）

【要領】兩手上旋時，身體要有向下之意，向下時要有向上之意，注意有上即有下，要以身體帶動四肢，動作要圓活，上下要協調連貫，身法不可散亂。

圖100

第三十四式 進步懶紮衣

動作一：承前式，意氣鬆沉於右實腿，腰微向右轉，右腿向前跟步，至右足左後方，以足尖點地；同時吸氣，兩手變掌向右下攦帶至腹前，目視兩手前方。（圖101）

圖101

圖102

動作二：承前式，右實腿精神貫注，左腿向東南方邁步，以足跟著地；同時吸氣，兩手內合弧形向上掤起，左手在前，右手在後與左肘平齊，目視兩手前方。（圖102）

圖103

動作三：承前式，右足跟蹬地，左足掌落平，左腿前弓；同時呼氣，兩手豎掌坐腕外旋前推，目視兩手前方。（圖103）

【要領】與第二式懶紮衣相同。

第三十五式　雙峰貫耳

動作一：承前式，身體後移，重心移向右腿；同時吸氣，兩手弧形向下後按帶至兩胯前側，目視東南前方。（圖104）

圖104

動作二：承前式，右足跟蹬地，左腿前弓；同時呼氣，兩手變拳弧形向上前合擊，目視兩拳前方。（圖105）

【要領】兩手下按，身體要有上升之意，兩拳合擊時，胸腹要有收合之意，上下要協調配合，保持好各條身法。

圖105

第三十六式　退步雙抱捶

圖106

動作：承前式，身體後移，重心移向右腿，左腿後撤與右腿相齊；同時吸氣，兩手握拳屈肘回收至兩肩前，拳心向內，目視正南方。（圖106）

【要領】意氣鬆沉於兩腿，做到含胸、拔背、鬆肩、沉肘、氣沉丹田、尾閭正中等身法。

第三十七式　收　勢

圖107

動作一：承前式，兩手由拳變掌外旋下按至胯前；同時呼氣，掌心向下，指尖朝前，目視正南前方。（圖107）

動作二：兩腿慢慢直起，同時全身放鬆，氣向下沉，兩手向下，垂於兩胯外側，手心向內，指尖朝下，恢復起勢姿勢，目視正南前方。（圖108）

【要領】兩手下按時，胸部必須放鬆下沉，身體立起，要神不外散，仍保持各條身法。

圖108

附錄一

武式太極拳名家傳略

武禹襄

　　武禹襄（1812～1880），武式太極拳創始人，名河清，字禹襄，號廉泉，河北永年廣府城內人，出身武術世家，其兄為河南舞陽縣知縣，本人雖為晚清貢生，但其秉性豪爽，崇尚俠義，自幼即跟父親習外家拳術。

　　後經廣府城內西大街太和堂藥店掌櫃（至今太和堂藥店還為陳家溝陳姓經營）介紹，借到舞陽縣省兄之機便道過河南溫縣陳家溝拜訪陳長興。得知陳長興年事已高，臥病在床不再授拳。素聞河南趙堡鎮陳師清萍拳藝精湛，禹襄乃於赴兄任所之便訪而從學，並得到陳師清萍傾囊相授，研究月餘，奧妙盡得。

　　到舞陽後，又從其兄澄清處獲得了王宗岳的《太極拳論》。從此，無意仕進，一心從事太極拳的研究，其拳技日見精進，直至登峰造極。

其拳術不同於陳式老架、新架，亦不同於楊式大架、小架，乃學而後化，自成一家的一套融技擊、養生、健身為一體的武式太極拳，並結合實踐著有《太極拳解》三則、《十三勢說略》、《十三勢行功要解》、《四字秘訣》、《打手撒放》、《身法八要》等著名拳論。先生罕於課徒，只授其外甥——本城李亦畬弟兄。

武秋瀛

武秋瀛（1800～1884），名澄清，字秋瀛，自號秋瀛老人，永年廣府人，是武禹襄之大哥，咸豐壬子進士，河南舞陽縣知縣，對太極拳造詣頗深。現在流傳的王宗岳的《太極拳論》即其從舞陽縣鹽店所得。

其著作有《釋原論》、《拳論》、《打手歌》等。

武汝清

武汝清，字酌堂，號蘭畹，清道光進士，官刑部四川司員外郎，為武禹襄二哥。汝清亦擅太極拳術，著有《結論》等著作，並介紹鄉友楊祿禪到京師教授太極拳術，使楊式太極拳從北京廣泛傳播到各地。

李亦畬

李亦畬（1832～1892），名經綸，字亦畬，鄉鄰稱呼其李大先生，河北永年廣府西街人。自幼讀書習武，博學多才，弱冠則補博士弟子員。母舅禹襄精太極拳，亦畬受其影響，耳聞目睹，漸悟其徑，遂跟其學習此技，且悟性頗高，每有所得，即寫一紙條貼於座右，詳加斟酌，覺有不妥即撕下改之，反反覆覆，必滿意方止。跟其舅研習太極二十餘年，其技登峰造極，已臻化境，為武式太極拳第二代宗師。

其著作有《五字訣》、《撒放秘訣》、《打手歌》、《走架打手行功要言》、《十三勢行功要解》、《左右虛實圖》、《論虛實開合》等。晚年以二子寶廉、寶讓名手書三本《廉讓堂太極拳譜》，一本自存，一本交弟啟軒，一本贈徒郝和。這就是後人奉為經典秘笈的「老三本」。

其傳人除二子外，有本邑郝和（為真），清河葛福來、葛順成等。

李啟軒

李啟軒，名承綸，字啟軒，武式第二代大師李亦畬胞弟，太極名家，著有《一字訣》（即《數字

訣解》）及《太極拳走架白話歌》等。

他的傳人有南宮馬靜波、清河葛順成等。

郝為真

郝為真（1849－1920），名和，字為真，河北永年廣府城內西街人，從小聰明過人，嗜文愛武，先習外家拳，後以不輕妙靈活，非技擊之上乘，復從李亦畬先生改習太極拳，潛心致志二十多年，造詣精純，特別是從不恃藝自傲，每有人來訪，他總是謙遜和藹，並無半點凌人之氣。

據說，其拳技已達到神乎其神的境界，舉手投足皆能奏效，妙不可言，遠近聞名，從先生學拳者遍及各層各界，可以說，武式太極拳的廣泛傳播，在很大程度上得益於此。

其門人主要有李福蔭、韓文明、張振宗、李聖端、李香遠及河北完縣孫祿堂等。其次子文桂（字月如）亦得其傳，授藝畢生。

李寶讓

李寶讓（1882～1944），字遜之，李亦畬之次子，工書愛讀，性和藹，好拳術，李亦畬太極拳著作遺稿多存其手。1928年永年縣國術館成立，先生常赴館談坐，笑語移日，永不及拳，里人幾無

知其為一位得家傳的武術家,其懷藝不矜,沉默如此。1933 年,經其摯友趙俊臣脅迫,乃收徒授藝。講述拳義,言簡意賅,無一言浮襯。

　　教導推手,重接勁打勁,不重用著擊身,給學者指出一條近捷的道路。著有《初學太極拳練法簡述》、《不丟不頂淺識》。

　　從學有永年城內趙蘊園、劉夢筆、魏佩林、姚繼祖等。有一子名池蔭,字澤堂,亦善此術。

魏佩林

　　恩師魏公佩林生於 1912 年,河北永年廣府東街人,與筆者為隔牆鄰居,因其年少體弱,令尊讓其習太極拳術。亦畬公次子遜之先生經人介紹將其收為入室弟子。魏師性情豪爽,為人正直,尊師愛友,深得人們敬重。

　　先生練拳非常刻苦,架子天天走,杆子不離手,每晚從師父家練拳回來後仍不休息,在自家院裡直練到後半夜,一招一式反覆琢磨,務求精湛。功夫豁然貫通後,仍堅持每晚練拳到五更,數十年如一日,把自己畢生精力全部用在練拳上,因此,深得武式太極之精髓,與人推手能隨心所欲,對手像皮球一樣可任其拍來拍去,身不由己。

　　一次遇一人賣鷹,有人讓恩師試試功夫,將鷹

放在恩師手臂上，恩師聽其勁泄其力，鷹在其臂上只能抖翅，不能騰空飛起。其師弟姚繼祖文才出眾，當即做對曰：「楊露禪掌心擒雀，魏佩林臂上困鷹。」此句傳至今日，成為永年拳界的驕傲。恩師於 1960 年冬，不幸染病，於 1961 年初去世。

筆者於 12 歲經祖父介紹，與魏師學武式太極拳。由於本人不怕吃苦，勤奮好學，很受恩師的愛戴，在 14 歲時就與恩師到縣職工俱樂部教成年人練拳。在從師學藝的短短幾年中雖經魏師的言傳身授，但因當時年齡還小，對太極拳的認識不夠，所以僅得恩師技藝之皮毛，然幸有恩師三子高義與筆者自幼志趣相投，並將其父家傳、身授盡述於我，時常一起研習、切磋，使我受益良多。

恩師傳人有三子：高申、高義、高志；有弟子：陳令保、史三傑、楊法明、陳老八、杜會友等。

姚繼祖

恩師姚公繼祖（1917－1998），武式太極拳第四代傳人，永年縣廣府鎮東街人，曾任河北省政協委員，永年廣府文化站站長，永年縣武式太極拳研究會會長等職。

恩師自幼隨其祖父習練太極拳術，後曾在永年

國術館與當時太極名人韓欽賢等修習太極推手及器械等，後拜師於太極泰斗李亦畬之次子李遜之先生門下，自此秉承師訓，苦練不輟，終成一代名家。

恩師學識修養很高，性情和藹，懷藝不矜，是眾所公認的，早在上世紀60年代初期，姚師就不斷在一些武術雜誌上發表文章，闡述自己對太極拳之見解。他與太極名家顧留馨先生相交中，解決了武式太極拳四字不傳秘訣作者不詳的問題，很受顧先生欽佩。

恩師在那特殊的年代受到衝擊遭受不白之冤，在二十年艱苦的歲月中，姚老始終不渝地進行著對太極拳的研究，曾整理《太極鎖鑰》一書準備出版，可惜在文化大革命中丟失。

姚師重新開始工作後，於1981年在邯鄲市政府安排下接待了「全日本太極拳訪華團」，並同日本朋友一起切磋交流，談術論技，其精湛的技藝、淵博的學識使日本朋友佩服之至，回國後在日本太極雜誌上極力推崇姚先生的精湛拳技。

1984年我有幸陪同恩師應邀參加「中國武漢國際太極拳、劍表演觀摩會」。恩師在會上進行了講學、表演和輔導，被大會評為全國太極十三名家之一，南方報紙以「北方梟雄」為題對恩師人品、技藝做了翔實的報導。

　　姚師多次應邀參加國家舉辦的武術盛會，發表論文多篇，並對前來求學者向來平易近人，循循善誘，深入淺出，誨人不倦，使求學者心悅誠服。在教授弟子時，總是以先哲拳論為指導，耐心地給予講解，從不保守，比如內功小架，姚師晚年傳授時講，遜之先生告之：「武式太極拳最終落成於小架，其特點、架勢更加小巧緊湊，虛實分明，開合有致，運動中既能體現出方圓相生之意，又注重身體對拉拔長的內勁運化，以內勁不令人知的內氣潛轉來支配形體的起落旋轉，其拳理功法奧妙無窮，變化氣象萬千。」

　　恩師在武術界德高望眾，德藝雙馨。拳如其人，人如其拳，成為一代太極宗師，名揚海內外，桃李滿天下。所傳弟子中有成就者不乏其人，遺作有《武氏太極拳全書》。

附錄二

翟維傳履歷

翟維傳先生 1942 年 1 月 11 日，出生於河北省永年縣廣府鎮。

1953 年，經其祖父介紹從師於武式太極拳第四代傳人李遜之高足魏佩林先生學習傳統武式太極拳。

1955 年，與魏師一起到永年縣職工俱樂部教成年人練武式太極拳。

1956 年，在魏師家中有幸認識其師弟姚繼祖先生，並得到姚先生的指點。

1962 年，為了進一步學習太極拳，開始跟隨姚繼祖先生系統學習武式太極拳、械、推手等。

1967 年，開始寫練太極拳心得體會，並經常得到恩師的理論指導。如《太極拳七字要訣》及《太極陰陽之變化》等多篇論文就是在恩師的多次批改後完成的。

1982 年，與師兄弟四人舉行隆重拜師儀式，正式成為武式太極拳第四代傳人姚繼祖先生首批弟

子。

　　1983 年，與師兄競成，師弟鳳鳴、振山合作創作《太極拳頌》，當年在《武林》雜誌第 11 期刊載，在全國反響強烈，來人來信求學者極多。這也是翟先生文字創作的開始。

　　1984 年，陪同恩師姚繼祖參加在湖北武漢召開的「中國武漢國際太極拳・劍表演觀摩會」，並和姚師表演了推手。恩師作為武式太極拳代表人物被評為全國太極拳十三名家之一。

　　1985 年，考取邯鄲地區太極拳拳師證書。

　　1986 年，在姚師指定下，任永年廣府文化站太極拳小組組長，接待外來人員，組織表演活動、教學等。

　　1987 年，任邯鄲地區太極拳研究會理事。

　　1987 年，接見全日本太極拳協會訪華團，參加表演活動。

　　1991 年 5 月，參加第一屆河北永年國際太極拳聯誼會，任武式太極拳牽頭人，千人表演隊伍教練，參加各項表演活動。論文《論陰陽變化》獲優秀獎並收入《太極名家談真諦》一書中。

　　1993 年 5 月，參加第二屆河北永年國際太極拳聯誼會，任千人表演隊伍教練，被大會評為「太極十二新秀」。

　　1995 年 5 月，參加第三屆河北永年國際太極拳聯誼會，獲傳人代表優秀獎。論文《太極五行虛實之變化》獲優秀論文獎，收入《太極拳論文集》一書中。

　　1995 年 11 月，受中國武術管理中心，中國武術院邀請，代表永年到北京體育大學參加《武式太極拳競賽套路》一書的編排工作，任編委。

　　1996 年元月，再次受邀到北京體育大學對《武式太極拳競賽套路》進行審訂。本書已出版，並在全國各地普及推廣該套路。

　　1996 年 5 月，參加接待以張肇平先生任團長的臺灣太極拳總會訪華團。我方進行了表演並與臺灣同胞相互切磋技藝，過後臺灣以《兩岸太極拳訪問交流紀實》一書對大陸太極拳做系統報導。

　　1996 年 8 月，應邀參加第四屆中國溫縣國際太極拳年會，任年會副秘書長，參加了名人表演。論文《太極五行虛實之變化》獲優秀獎，收入《溫縣太極拳論文專集》中。

　　1998 年 8 月，應邀參加第五屆中國溫縣國際太極拳年會，任年會副秘書長，參加名人表演並被大會評為「太極拳名師」。

　　1998 年，應《太極》雜誌社之邀，拍武式太極拳「摟膝拗步」式拳照，在《太極》雜誌第 4 期

封面上登載。

1998 年 10 月，參加紀念鄧小平同志題詞「太極拳好」發表 20 周年——北京天安門廣場萬人太極拳表演活動，獲紀念獎及表演證書。

1998 年 10 月，參加第五屆河北永年國際太極拳聯誼會，獲武式太極拳比賽第一名，論文獲優秀獎，被大會評為「太極拳大師」。

1998 年 10 月底，應邀參加第三屆武當拳法研討會暨武當杯武術大賽，獲優秀獎證書及獎盃，並被武當拳法研究會聘為顧問。

1998 年 12 月，應邀參加中原內家拳法研究會成立暨「石人山杯」全國武術名家邀請賽，獲優秀獎盃及證書，被聘為中原內家拳法研究會顧問。

1999 年 2 月，由湖北弟子馬則中聯繫，應湖北省羅田縣體育局聘請到羅田縣授拳。

1999 年 4 月，應「大連武當拳法研究會」會長張奇的邀請，一起商討為振興武當的對策，並被大連武當拳法研究會聘為顧問。

1999 年 5 月，在任志需師弟提供方便的情況下，攜弟子到河北正定進行封閉式專業訓練三個多月。

1999 年 9 月，應邀參加河南省舉辦的「九九全國中老年太極拳邀請賽」，獲武式太極拳、劍比

賽兩項一等獎。會議期間，結識廣東省江門市太極拳聯誼會會長吳澤明先生，被該會聘為顧問。

1999年，事蹟被收入新華出版社出版的《中國民間武術家大典》辭書中。

1999年10月，應中國武當拳國際聯誼會的邀請，作為特邀貴賓參加會議，並做名人表演，後到十堰市參加專場名家表演。《論太極拳內涵與修煉》獲優秀論文獎，被收入《武當拳法探微》一書中。

1999年11月，其事蹟被收入《中華魂——中國百業英才大典》辭書中。

2000年元月，與弟子賈海清開辦永年縣南護駕武式太極拳武校，文武兼修，現有學生達800餘人。

2000年7月，被山東荷澤中華武林名人碑園聘為名譽顧問。

2000年9月，應邀參加大連武當拳法研究會舉辦的全國武術名家邀請賽，獲太極拳比賽銀牌獎。《談太極拳粘與走的關係》獲優秀論文獎，並被收入《武當武術論文集》一書中。

2000年10月，應邀參加中國邯鄲太極拳聯誼大會，獲武式太極拳、劍比賽兩項金牌，並被北美洲武（郝）派太極拳總會聘為海外顧問。

2000 年 12 月，代表永年縣參加國家體育總局在江西上饒舉辦的第三屆武術之鄉武術大賽，獲傳統太極拳比賽二等獎。

2001 年 10 月，參加中國邯鄲國際太極拳交流大會，比賽中獲武式太級拳傳統套路、武式太極拳競賽套路和自選套路三項金牌。

2001 年 11 月，應邀參加中國珠海國際太極拳交流大會，被大會聘為特邀技術顧問，進行了名家表演及拳藝交流。《蓄勁如張弓，發勁似放箭》作為唯一一篇功法論文在大會會刊中刊載。

2002 年 4 月，應邀到四川省成都市授拳講學。

2002 年 6 月，經永年縣文體委批准，成立了永年縣維傳武式太極拳研究會並擔任首任會長，會員百餘人。

2002 年 8 月，應邀組隊參加第二屆焦作國際太極拳交流大會，比賽成績顯著，獲集體最高獎——體育道德風尚獎。

2002 年 10 月，受邀組隊參加中國邯鄲永年太極拳交流大會，代表武式傳人在開幕式上進行名家表演，獲大會「貢獻杯」。隊員獲 4 金、4 銀、2 銅的好成績。

2003 年 3 月，受人民體育音像出版社和廣州俏佳人音像公司之邀，率弟子世宗、王濤、世奎、

伯民到廣州拍攝《武氏太極拳系列VCD教學光碟》。

2003年7月，《武氏太極拳系列VCD教學光碟》一套（11碟），作為「中華武術展現工程」的組成部分，在海內外上市。

2003年9月，應邀到遼寧省鐵嶺市授拳講學。

2003年10月，創辦「中國永年太極網」（www.yntaiji.com）。

2003年10月，以武式太極拳母式「懶紮衣」式，被《武當》雜誌第10期作為封面登載。

2003年11月，組隊參加在邯鄲舉辦的河北省太極拳展示大會，做名人表演。弟子獲4金、6銀、3銅的好成績。

2003年11月15日，經邯鄲市體育局、民政局批准，成立了邯鄲市武式太極拳學會，擔任首任會長，會員達百餘人。

2004年元月，《武式太極拳術》一書由山西科學技術出版社出版。

2004年2月，應第二屆香港國際武術節組委會的邀請，組隊前往香港比賽，參加名人表演。隊員獲8金、2銀的好成績。

2004年2月，邯鄲市武式太極拳學會參加了在永年廣府舉辦的首屆永年縣廣府太極拳年會，並取得了優異成績。

2004 年 2 月底，應浙江溫州弟子邱永清的邀請，從香港借道溫州，在溫州進行了近 30 天的講學、傳拳授藝活動，受到溫州人民歡迎。

2004 年 4 月，永年縣維傳武式太極拳研究會 20 餘人代表永年縣組隊參加在唐山舉辦的河北省太極拳錦標賽，取得了競賽套路 1 金、1 銀，傳統套路第一名 4 人，第二名 5 人，第三名 5 人的優異成績，並獲大會「體育道德風尚獎」。

2004 年 4 月，永年縣太極拳協會成立，任協會副主席。

2004 年 5 月，受邀組隊赴石家莊市參加中日韓民間太極拳交流會暨廉讓堂太極拳研究會成立儀式，參加了名人表演，被研究會聘為顧問。隊員獲紀念獎盃。

2004 年 5 月，邯鄲市太極拳委員會成立，任委員會副主任。

2004 年 5 月 15 日，組隊參加永年縣太極拳、械比賽。參加名人表演，隊員獲一等獎 4 人，二等獎 4 人，三等獎 3 人，集體獲表演二等獎，集體總分第三名。

2004 年 5 月 18 日，永年縣魏佩林武式太極拳功夫研究會成立，被聘為研究會顧問。

2004 年 6 月，應邀參加第三屆中華武術展現

工程研討聯誼會暨展現工程宣傳推廣協作體成立大會，當選為大會常務理事。

2004年9月，應邀到遼寧省大連市授拳講學。

2004年10月5日，永年縣郝為真太極拳學術研究會成立，被聘為研究會顧問。

2004年11月，在廣東講學期間，被廣東省江門市太極拳聯誼會聘為名譽會長。

2004年12月，在廣東講學期間，被廣東省開平市太極拳聯誼會聘為顧問。

2005年2月，應邀組隊參加第二屆永年廣府太極拳年會，參加名人表演，並被聘為廣府太極拳協會副主任，同時榮獲組織貢獻獎。

2005年3月，應邀到江蘇省金壇市傳拳授藝。

2005年5月1日，應陳式太極拳傳人張志俊先生的邀請，到河南鄭州參加張志俊先生六十大壽及收徒儀式，作為收徒見證師，見證此次活動。

2005年5月，應邀參加在正定舉辦的河北省首屆武術文化交流大會，榮獲傳統武術表演優秀獎，並被推選為該會在邯鄲地區的負責人。

2005年5月，被邯鄲市武術協會聘為邯鄲市武術協會榮譽主席。

2005年7月25日，應楊式太極拳傳人楊振鐸先生之邀，作為武式太極拳代表到山西太原參加楊

振鐸先生八十華誕，各派名家參加了祝壽表演活動，並共同研討太極拳的發展大計。

2005 年 8 月 1 日，應邀參加永年廣府太極武館成立及永年縣太極拳培訓基地成立大會，會上參加了名人表演，中央電視臺第二套節目進行了播放。

2005 年 8 月 7 日，應邀參加山東省煙臺市武術運動協會世秀太極苑成立大會，並被聘為世秀太極苑名譽主任。

2005 年 8 月 20 日，應中國武術協會邀請，參加第三屆中國焦作國際太極拳交流大賽，參加了名家講學及表演，獲中國武術協會頒發的表演證書，並作為武式太極拳傳人代表接受焦作電視臺的專訪。

2005 年 9 月，再次應太極拳愛好者的邀請到江蘇省金壇市授拳講學。

2005 年 10 月，內蒙古呼和浩特維傳武式太極拳研究會成立，受聘為該會名譽會長。

2005 年 10 月，再次應邀到浙江省溫州市授拳講學。

2005 年 10 月 26 日，應邀參加國家有關部門為永年縣命名「全國太極拳之鄉」「中國太極拳研究中心」掛牌儀式與表演活動。

　　2005 年 11 月 21 日，應馬來西亞陳式太極拳總會會長李文劍先生的邀請，到馬來西亞檳城、吉隆坡兩地講學授拳，很受馬來西亞人民的歡迎，該國《光明日報》及《星洲日報》以「武式太極拳引進大馬」和「翟維傳發揚武式太極拳」為題，進行了採訪報導。

　　2005 年 12 月 25 日，再次應廣東省江門市太極拳協會的邀請，到江門市授拳講學。

附錄三
武式太極拳傳承表（一）

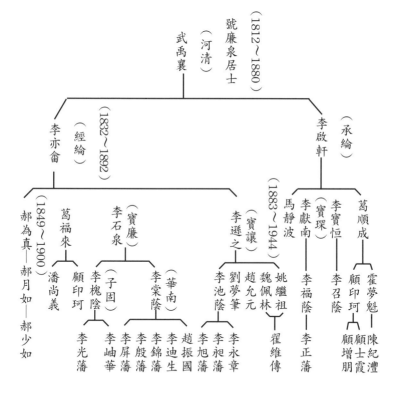

【註】武式各代所傳弟子較多，無法統計，故另表只列第三代宗師郝為真、李遜之所傳系列。望諒解。

武式太極拳傳承表（二）

武式第三代郝為真宗師弟子及再傳弟子

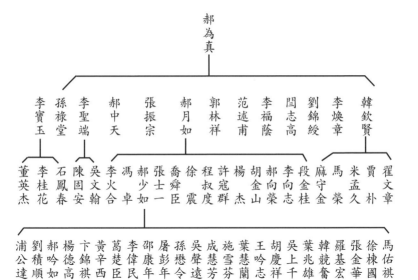

【註】武式第六代弟子甚多，本書只列郝少如先生弟子。望諒解。

武式太極拳傳承表（三）

武式第三代李遜之宗師弟子及再傳弟子

李遜之（1883～1944）

第四代弟子：劉夢筆、魏佩林（1912～1960）、李池蔭、趙允元、姚繼祖（1917～1998）

魏佩林（1912～1960）一系

弟子：陳令保、為高志（子）、為高義（子）、魏高申（子）

再傳弟子：楊法明、史三杰、翟維傳、程培聚、杜會友、陳老八

李池蔭、趙允元、姚繼祖一系

弟子（第四代）：
姚劍英（子）、金竟成、翟維傳、胡文鳴、鍾振山、王印海、秦寶禮、梁寶根、李劍方、李志忠、翟金錄、崔彥彬、楊永生、楊書法

再傳弟子：
楊書太、程培聚、郭連仲、張學彬、張長彬、李清江、王元良、冀長虹、倪俊芳、王貴群、辛山岐、于端申、羅惠富、崔志光、譚洪海

李小友、李會敏、任智需、孟水平、齊金發、宋繼忠、郭光祿、李印林、考斯特斯（希臘）、姚志公（孫）、姚志平（孫）、顏守信（孫婿）、李平方（孫婿）、姚如月（孫女）、龐建傳、郭建峰

【註】武式第五代弟子甚多，本書只載作者老師弟子。望諒解。

武式太極拳傳承表（四）

武式太極拳第五代傳人翟維傳弟子

翟維傳

翟世宗(子)	賈海清	馮志剛	王為方	王濤	翟世奎	翟寶忠	郁海	岳江華	王存良	晏志永	武錫恩	白荷影	李龍奎
郝國政	郝興華	曹玉民	曹俊合	馬則中	宋現彬	劉用新	虞伯民	李勝英	李建新	張印波	羅照乾	劉孔賢	吳延強
李軍	胡開明	范峻	王學文	趙立克	李翹	任亮	賈廣太	申章喜	李向東	秦世峰	邱永清	吳國富	劉志學
王建冰	來雲山	蘇威國	韓永剛	李玉慶	劉德兵	李文峰	張建斌	代金選	范紅恩	王新峰	戴協平	徐立新	張雲春
梁橋	吳澤明	杜建州	崔世榮	陶江波	李健	趙小青	趙站波	李冰	陽海濤	關慶龍	梁建君	鍾建強	鍾澄海
方禮綱	孔祥剛												

【註】武式第六代弟子甚多，本書只載作者弟子。望諒解。

歡迎至本公司購買書籍

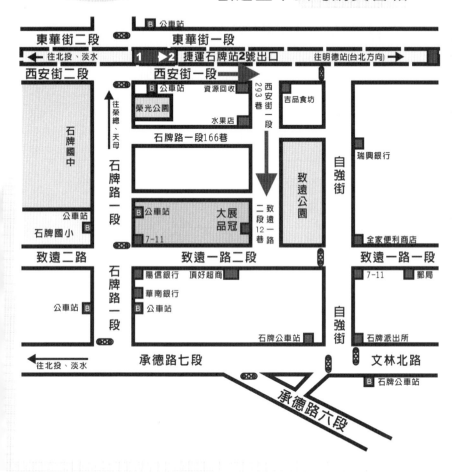

建議路線

1. 搭乘捷運・公車

　　淡水線石牌站下車，由石牌捷運站2號出口出站(出站後靠右邊)，沿著捷運高架往台北方向走(往明德站方向)，其街名為西安街，約走100公尺(勿超過紅綠燈)，由西安街一段293巷進來(巷口有一公車站牌，站名為自強街口)，本公司位於致遠公園對面。搭公車者請於石牌站(石牌派出所)下車，走進自強街，遇致遠路口左轉，右手邊第一條巷子即為本社位置。

2. 自行開車或騎車

　　由承德路接石牌路，看到陽信銀行右轉，此條即為致遠一路二段，在遇到自強街(紅綠燈)前的巷子(致遠公園)左轉，即可看到本公司招牌。

國家圖書館出版品預行編目資料

武式太極拳小架／翟維傳　著
——初版——臺北市，大展，2015〔民104.03〕
面；21公分——（武式太極拳；3）
ISBN 978-986-346-062-6（平裝）
1. 太極拳
528.972　　　　　　　　　　103028040

【版權所有・翻印必究】

武式太極拳小架

著　　者／翟　維　傳

責任編輯／楊　丙　德

發 行 人／蔡　森　明

出 版 者／大展出版社有限公司

社　　址／台北市北投區（石牌）致遠一路2段12巷1號

電　　話／(02) 28236031・28236033・28233123

傳　　真／(02) 28272069

郵政劃撥／01669551

網　　址／www.dah-jaan.com.tw

E-mail／service@dah-jaan.com.tw

登 記 證／局版臺業字第2171號

承 印 者／傳興印刷有限公司

裝　　訂／承安裝訂有限公司

排 版 者／千兵企業有限公司

授 權 者／山西科學技術出版社

初版1刷／2015年（民104年）3月

定　價／200元

●本書若有破損、缺頁請寄回本社更換●

大展好書　好書大展
品嘗好書　冠群可期